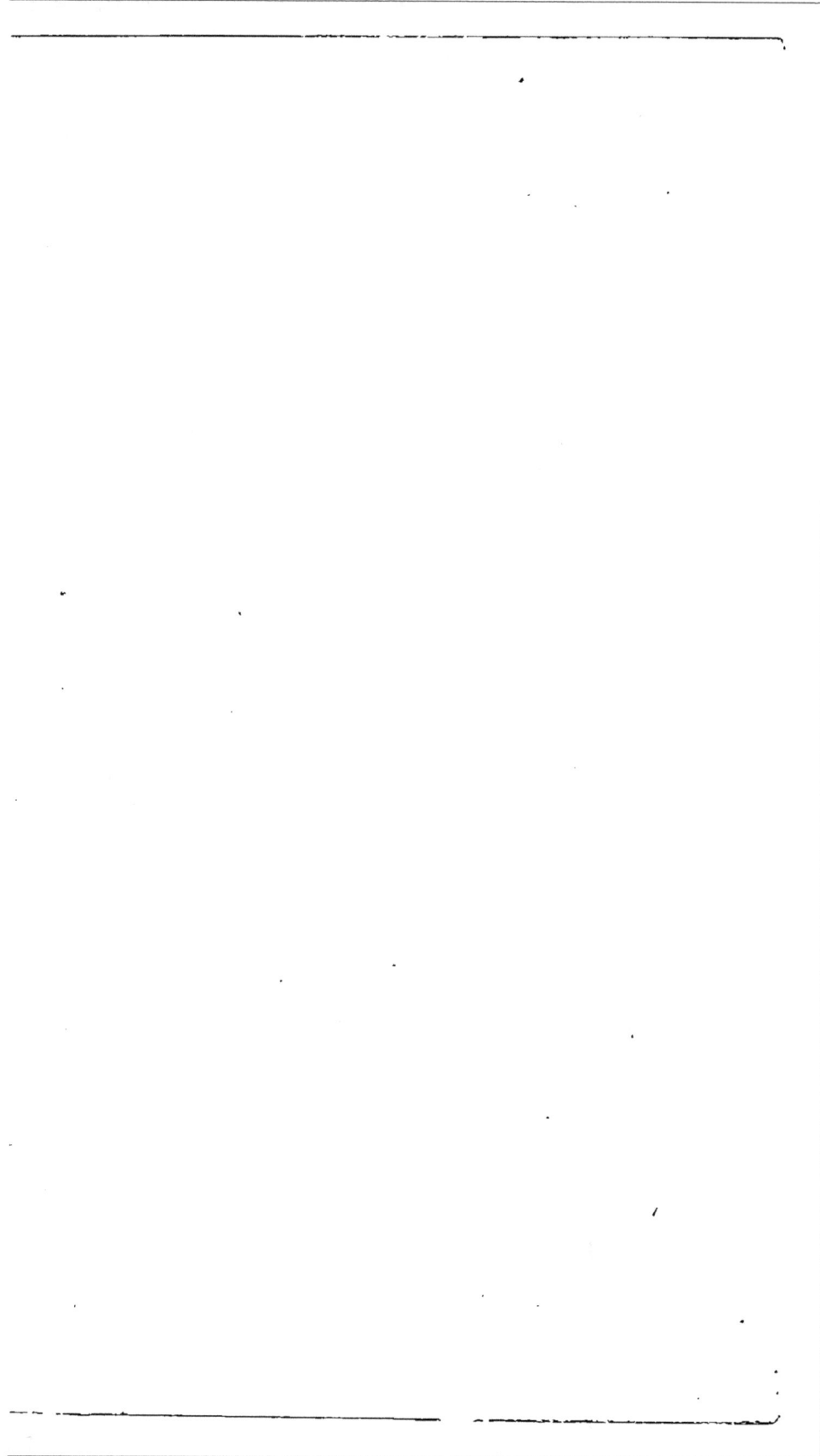

Lb 41
417/A

TESTAMENT

DE LOUIS XVI.

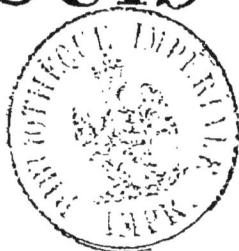

On trouve à la même adresse le TESTAMENT DE LOUIS XVI, et le BILLET ÉCRIT PAR MARIE-ANTOINETTE à Mme ELISABETH, 2 pages petit in-folio, imprimés sur beau papier fin satiné, et destinés à être encadrés. Prix, les deux ensemble. . . . . 5o c.

Le même libraire vient de mettre en vente deux portraits inédits de Louis XVI et de Marie-Antoinette, gravés à l'époque de leur mariage, petit in-4°. Prix des deux. . . . . 1 fr. 5o c.

De l'imp. de PILLET aîné, rue des Grands-Augustins, n. 7.

TESTAMENT
DE LOUIS XVI,

ET

BILLET

ÉCRIT PAR MARIE-ANTOINETTE

A Mme ÉLISABETH.

PRIX 50 CENT.

A PARIS,

CHEZ GERMAIN MATHIOT, LIBRAIRE,

rue de l'Hirondelle, n. 2, près le pont Saint-Michel.

—

1828.

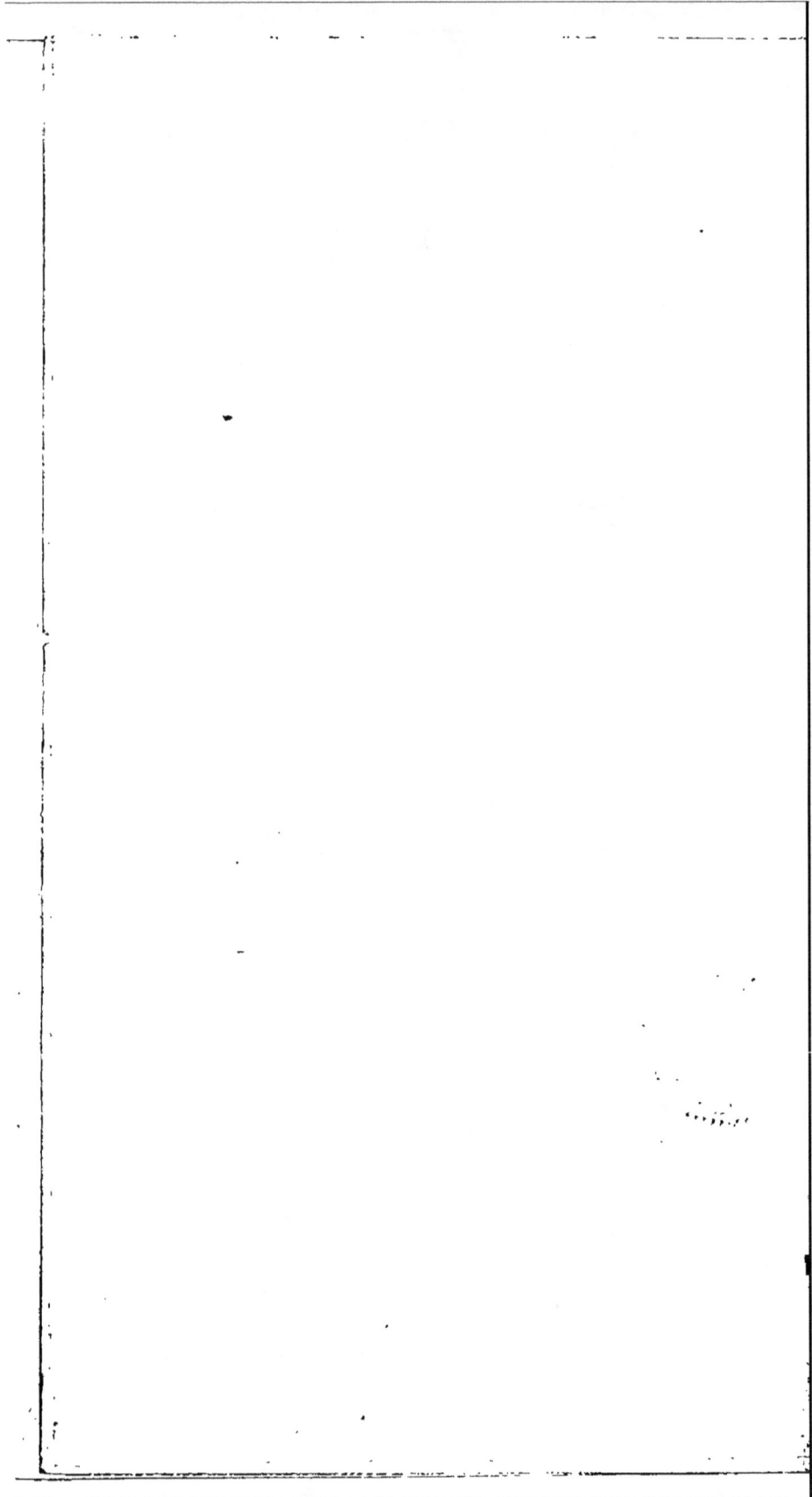

TESTAMENT
DE LOUIS XVI.

AU NOM DE LA TRÈS-SAINTE TRINITÉ, DU PÈRE, DU FILS ET DU SAINT-ESPRIT.

AUJOURD'HUI vingt-cinquième jour de décembre mil sept cent quatre-vingt-douze, moi, LOUIS XVIᵉ du nom, roi de France, étant, depuis plus de quatre mois enfermé dans la tour du Temple, à Paris, par ceux qui étaient mes sujets, et privé de toutes communications quelconques, même depuis le 11 du courant, avec ma famille; de plus, impliqué dans un procès dont il est impossible de prévoir l'issue, à cause des passions des hommes, et dont on ne trouve aucun prétexte ni moyen dans aucune loi existante; n'ayant que Dieu pour témoin de mes pensées, et auquel je puisse m'adresser, je déclare ici, en sa présence, mes dernières volontés et mes sentimens.

Je laisse mon ame à Dieu mon créateur;

I

je le prie de la recevoir dans sa miséricorde, de ne pas la juger d'après ses mérites, mais par ceux de Notre Seigneur Jésus-Christ, qui s'est offert en sacrifice à Dieu son père pour nous autres hommes, quelque indignes que nous en fussions, et moi le premier.

Je meurs dans l'union de notre sainte mère l'Eglise catholique, apostolique et romaine, qui tient ses pouvoirs par une succession non interrompue de saint Pierre, auquel Jésus-Christ les avait confiés.

Je crois fermement et je confesse tout ce qui est contenu dans le symbole et les commandemens de Dieu et de l'Eglise, les sacremens et les mystères, tels que l'église catholique les enseigne et les a toujours enseignés. Je n'ai jamais prétendu me rendre juge dans les différentes manières d'expliquer les dogmes qui déchirent l'église de Jésus-Christ; mais je m'en suis rapporté et rapporterai toujours, si Dieu m'accorde vie, aux décisions que les supérieurs ecclésiastiques, unis à la sainte

Eglise catholique, donnent et donneront conformément à la discipline de l'Eglise, suivie depuis Jésus-Christ.

Je plains de tout mon cœur nos frères qui peuvent être dans l'erreur; mais je ne prétends pas les juger, et je ne les aime pas moins tous en Jésus-Christ, suivant ce que la charité chrétienne nous enseigne. Je prie Dieu de me pardonner tous mes péchés. J'ai cherché à les connaître scrupuleusement, à les détester et à m'humilier en sa présence. Ne pouvant me servir du ministère d'un prêtre catholique, je prie Dieu de recevoir la confession que je lui ai faite, et surtout le repentir profond que j'ai d'avoir mis mon nom (quoique cela fût contre ma volonté) à des actes qui peuvent être contraires à la discipline et à la croyance de l'église catholique, à laquelle je suis toujours resté sincèrement uni de cœur. Je prie Dieu de recevoir la ferme résolution où je suis, s'il m'accorde vie, de me servir, aussitôt que je le pourrai, du ministère d'un prêtre catholique,

pour m'accuser de tous mes péchés, et recevoir le sacrement de pénitence.

Je prie tous ceux que je pourrais avoir
offensés par inadvertance (car je ne me
rappelle pas d'avoir fait sciemment aucune offense à personne), ou ceux à qui j'aurais pu avoir donné de mauvais exemples
ou des scandales, de me pardonner le mal
qu'ils croient que je peux leur avoir fait.
Je prie tous ceux qui ont de la charité
d'unir leurs prières aux miennes pour ob-
tenir de Dieu le pardon de mes péchés.

Je pardonne de tout mon cœur à ceux
qui se sont faits mes ennemis, sans que
je leur en aie donné aucun sujet, et je prie
Dieu de leur pardonner, de même qu'à
ceux qui, par un faux zèle ou par un zèle
mal entendu, m'ont fait beaucoup de mal.

Je recommande à Dieu ma femme, mes
enfans, ma sœur, mes tantes, mes frères,
et tous ceux qui me sont attachés par le
lien du sang ou par quelque autre ma-
nière que ce puisse être. Je prie Dieu par-
ticulièrement de jeter des yeux de misé-

ricorde sur ma femme, mes enfans et ma sœur, qui souffrent depuis long-tems avec moi, de les soutenir par sa grâce, s'ils viennent à me perdre, et tant qu'ils resteront dans ce monde périssable.

Je recommande mes enfans à ma femme. Je n'ai jamais douté de sa tendresse maternelle pour eux; je lui recommande surtout d'en faire de bons chrétiens et d'honnêtes hommes; de ne leur faire regarder les grandeurs de ce monde (s'ils sont condamnés à les éprouver) que comme des biens dangereux et périssables, et de tourner leurs regards vers la seule gloire solide et durable de l'éternité. Je prie ma sœur de vouloir bien continuer sa tendresse à mes enfans, et de leur tenir lieu de mère, s'ils avaient le malheur de perdre la leur.

Je prie ma femme de me pardonner tous les maux qu'elle souffre pour moi, et les chagrins que je pourrais lui avoir donnés dans le cours de notre union; comme elle peut être sûre que je ne garde rien contre elle, si elle croyait avoir quelque chose à se reprocher.

Je recommande bien vivement à mes enfans, après ce qu'ils doivent à Dieu, qui doit marcher avant tout, de rester toujours unis entre eux, soumis et obéissans à leur mère, et reconnaissans de tous les soins et les peines qu'elle se donne pour eux, et en mémoire de moi. Je les prie de regarder ma sœur comme une seconde mère.

Je recommande à mon fils, s'il avait le malheur de devenir roi, de songer qu'il se doit tout entier au bonheur de ses concitoyens ; qu'il doit oublier toute haine et tout ressentiment, et nommément ce qui a rapport aux malheurs et aux chagrins que j'éprouve ; qu'il ne peut faire le bonheur des peuples qu'en régnant suivant les lois, mais en même tems qu'un roi ne peut les faire respecter, et faire le bien qui est dans son cœur, qu'autant qu'il a l'autorité nécessaire, et qu'autrement, lié dans ses opérations, et n'inspirant point de respect, il est plus nuisible qu'utile.

Je recommande à mon fils d'avoir soin

de toutes les personnes qui m'étaient attachées, autant que les circonstances où
il se trouvera lui en laisseront les facultés;
de songer que c'est une dette sacrée que
j'ai contractée envers les enfans ou les parens de ceux qui ont péri pour moi, et
ensuite de ceux qui sont malheureux pour
moi.

Je sais qu'il y a plusieurs personnes de
celles qui m'étaient attachées qui ne se
sont pas conduites envers moi comme elles
le devaient, et qui ont même montré de
l'ingratitude; mais je leur pardonne (sou-
vent, dans les momens de trouble et d'ef-
fervescence, on n'est pas le maître de soi),
et je prie mon fils, s'il en trouve l'occa-
sion, de ne songer qu'à leur malheur.

Je voudrais pouvoir témoigner ici ma
reconnaissance à ceux qui m'ont montré
un attachement véritable et désintéressé;
d'un côté, si j'ai été sensiblement touché
de l'ingratitude et de la déloyauté de ceux
à qui je n'avais jamais témoigné que des
bontés, à eux ou à leurs parens ou amis;

de l'autre, j'ai eu de la consolation à voir l'attachement et l'intérêt gratuit que beaucoup de personnes m'ont montré : je les prie d'en recevoir tous mes remercîmens. Dans la situation où sont encore les choses, je craindrais de les compromettre si je parlais plus explicitement; mais je recommande spécialement à mon fils de chercher les occasions de pouvoir les reconnaître.

Je croirais calomnier cependant les sentimens de la nation, si je ne recommandais ouvertement à mon fils MM. *de Chamilly* et *Hue*, que leur véritable attachement pour moi avait portés à s'enfermer avec moi dans ce triste séjour, et qui ont pensé en être les malheureuses victimes. Je lui recommande aussi *Cléry*, des soins duquel j'ai eu tout lieu de me louer depuis qu'il est avec moi. Comme c'est lui qui est resté avec moi jusqu'à la fin, je prie messieurs de la Commune de lui remettre mes hardes, mes livres, ma montre, ma bourse, et les autres petits effets qui ont été déposés au conseil de la Commune.

Je pardonne encore très-volontiers à ceux qui me gardaient les mauvais traitemens et les gênes dont ils ont cru devoir user envers moi. J'ai trouvé quelques ames sensibles et compatissantes : que celles-là jouissent dans leur cœur de la tranquillité que doit leur donner leur façon de penser.

Je prie MM. de *Malesherbes*, *Tronchet* et *Desèze* de recevoir ici tous mes remercîmens et l'expression de ma sensibilité pour tous les soins et peines qu'ils se sont donnés pour moi.

Je finis en déclarant devant Dieu, et prêt à paraître devant lui, que je ne me reproche aucun des crimes qui sont avancés contre moi.

Fait double, à la tour du Temple, le vingt-cinq décembre mil sept cent quatre-vingt-douze.

Signé LOUIS.

Le xxi janier m. ɒɒc. xciii.

Collationné sur le marbre gravé à la Chapelle expiatoire de la Madeleine.

2

BILLET

ÉCRIT PAR MARIE-ANTOINETTE

A Mme ÉLISABETH.

———

C'est à vous, ma sœur, que j'écris pour
la dernière fois : je viens d'être condam-
née, non pas à une mort honteuse, elle
ne l'est que pour les criminels; mais à
aller rejoindre votre frère; comme lui in-
nocente, j'espère montrer la même fer-
meté que lui dans ses derniers momens.
Je suis calme comme on l'est quand la
conscience ne reproche rien ; j'ai un profond regret d'abandonner mes pauvres enfans ; vous savez que je n'existe que pour
eux, et vous, ma bonne et tendre sœur,
vous qui avez, par votre amitié, tout sa-
crifié pour être avec nous, dans quelle
position je vous laisse! J'ai appris, par
le plaidoyer même du procès, que ma
fille était séparée de vous : hélas! la pauvre

enfant, je n'ose pas lui écrire, elle ne re-
cevrait pas ma lettre ; je ne sais même pas
si celle-ci vous parviendra. Recevez pour
eux deux ici ma bénédiction. J'espère
qu'un jour, lorsqu'ils seront plus grands,
ils pourront se réunir avec vous, et jouir
en entier de vos tendres soins.

Qu'ils pensent tous deux à ce que je n'ai
jamais cessé de leur inspirer, que les prin-
cipes et l'exécution exacte de ses devoirs
sont la première base de la vie ; que leur
amitié et leur confiance mutuelles en fe-
ront le bonheur ; que ma fille sente qu'à
l'âge qu'elle a, elle doit toujours aider son
frère par les conseils que l'expérience
qu'elle aura de plus que lui et son amitié
pourront lui inspirer. Que mon fils, à son
tour, rende à sa sœur tous les soins, les
services que l'amitié peut inspirer ; qu'ils
sentent enfin tous deux que, dans quelque
position où ils pourront se trouver, ils ne
seront vraiment heureux que par leur
union. Qu'ils prennent exemple de nous :
combien dans nos malheurs notre amitié

nous a donné de consolation ! et , dans le bonheur , on jouit doublement quand on peut le partager avec un ami ; et où en trouver de plus tendre , de plus cher que dans sa propre famille ? Que mon fils n'oublie jamais les derniers mots de son père , que je lui répète expressément, qu'il ne cherche jamais à venger notre mort.

J'ai à vous parler d'une chose bien pénible à mon cœur. Je sais combien cet enfant doit vous avoir fait de la peine ; pardonnez-lui , ma chère sœur, pensez à l'âge qu'il a , et combien il est facile de faire dire à un enfant ce qu'on veut, et même ce qu'il ne comprend pas : un jour viendra , j'espère, où il ne sentira que mieux tout le prix de vos bontés et de votre tendresse pour tous deux. Il me reste à vous confier encore mes dernières pensées: j'aurais voulu les écrire dès le commencement du procès ; mais outre qu'on ne me laissait pas écrire, la marche en a été si rapide, que je n'en aurais réellement pas eu le tems. Je meurs dans la religion catholique, apostolique et romaine, dans celle de mes pères, dans celle où j'ai été élevée, et que j'ai toujours professée, n'ayant aucune consolation spirituelle à attendre, ne sachant pas s'il existe encore ici des prêtres de cette religion, et même le lieu où je suis les exposerait trop, s'ils y entraient une fois.

Je demande sincèrement pardon à Dieu de toutes les fautes que j'ai pu commettre depuis que j'existe. J'espère que dans sa bonté il voudra bien recevoir mes derniers vœux, ainsi que ceux que je fais depuis long-tems pour qu'il veuille bien recevoir mon ame dans sa miséricorde et sa bonté. Je demande pardon à tous ceux que je connais, et à vous, ma sœur, en particulier, de toutes les peines que, sans le vouloir, j'aurais pu vous causer. Je pardonne à tous mes ennemis le mal qu'ils m'ont fait. Je dis ici adieu à mes tantes et à tous mes frères et sœurs. J'avais des amis; l'idée d'en être séparée pour jamais, et leurs peines, sont un des plus grands regrets que j'emporte en mourant. Qu'ils sachent, du moins, que jusqu'à mon dernier moment j'ai pensé à eux.

Adieu, ma bonne et tendre sœur, puisse cette lettre vous arriver ! Pensez toujours à moi : je vous embrasse de tout mon cœur, ainsi que ces pauvres et chers enfans. Mon Dieu ! qu'il est déchirant de les quitter pour toujours ! Adieu! adieu ! je ne vais plus m'occuper que de mes devoirs spirituels. Comme je ne suis pas libre dans mes actions, on m'amènera peut-être un prêtre, mais je proteste ici que je ne lui dirai pas un mot et que je le traiterai comme un être absolument étranger.

Signé MARIE-ANTOINETTE.

Le xvi octobre m. dcc. xciii.

Collationné sur le marbre gravé à la Chapelle expiatoire de la Madeleine.

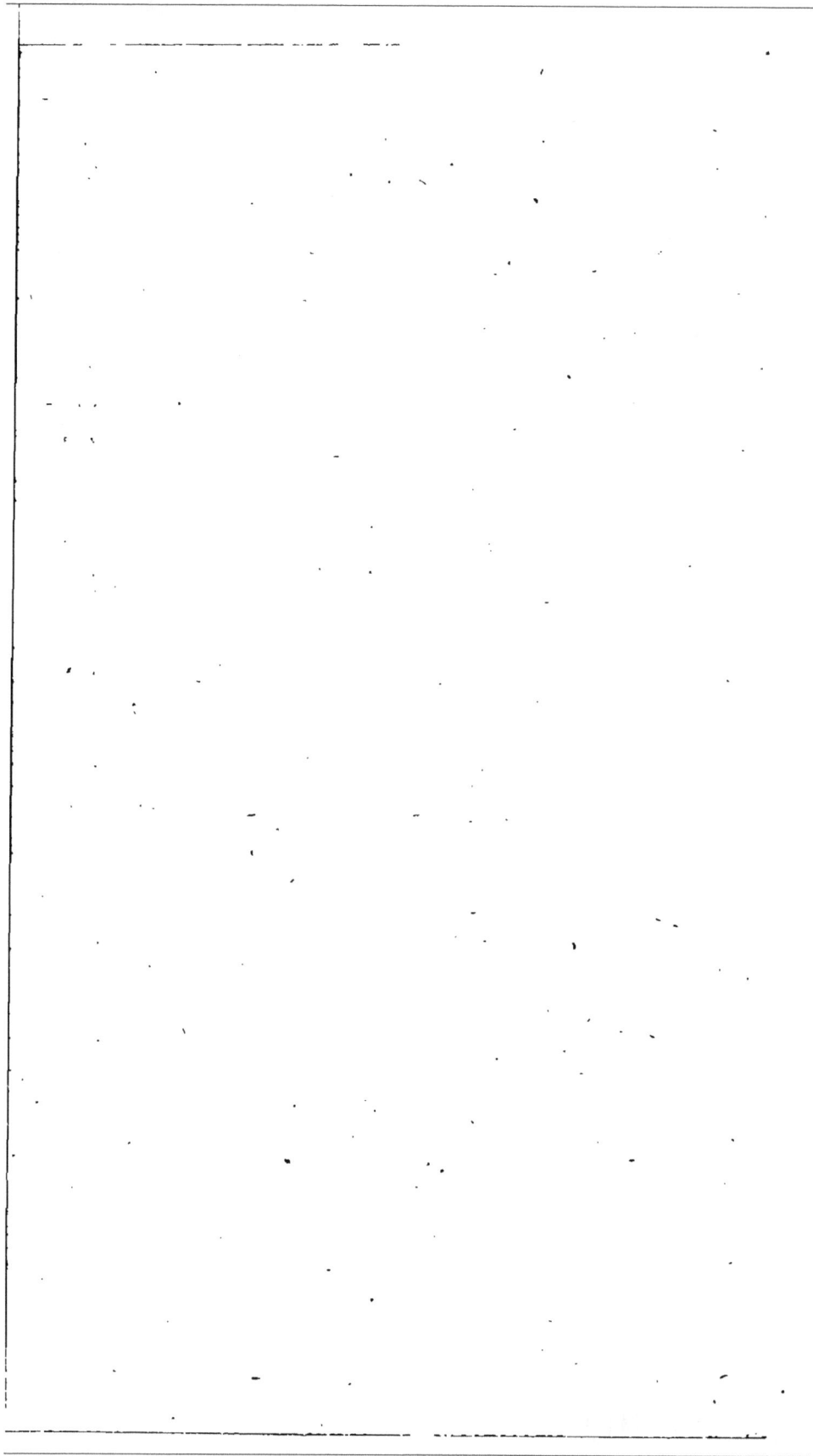

www.ingramcontent.com/pod-product-compliance
Lightning Source LLC
Chambersburg PA
CBHW061804040426
42447CB00011B/2460